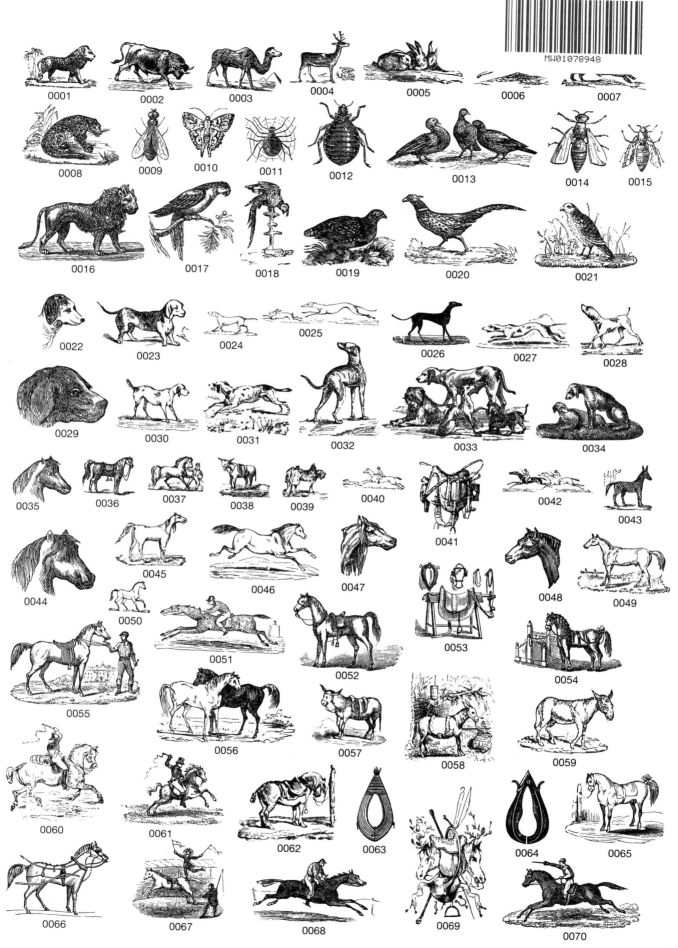

0001
0002
0003
0004
0005
0006
0007
0008
0009
0010
0011
0012
0013
0014
0015
0016
0017
0018
0019
0020
0021
0022
0023
0024
0025
0026
0027
0028
0029
0030
0031
0032
0033
0034
0035
0036
0037
0038
0039
0040
0041
0042
0043
0044
0045
0046
0047
0048
0049
0050
0051
0052
0053
0054
0055
0056
0057
0058
0059
0060
0061
0062
0063
0064
0065
0066
0067
0068
0069
0070

0071 0072 0073 0074 0075
0076 0077 0078
0079 0080 0081 0082 0083

0084 0085 0086 0087 0088
0089 0090 0091 0092 0093 0094 0095 0096
0097 0098 0099 0100 0101
0102 0103 0104 0105 0106 0107
0108 0109 0110 0111 0112 0113 0114
0115 0116 0117 0118 0119 0120 0121 0122 0123
0124 0125 0126 0127 0128 0129 0130 0131

0138 0139 0140 0132 0133 0134 0135 0136 0137
0141 0142 0143 0144 0145 0146
0147 0148 0149 0150 0151 0152
0153 0154 0155 0156 0157 0158 0159 0160 0161 0162 0163 0164
0165 0166 0167 0168 0169 0170 0171 0172
0177
0173 0174 0175 0176 0178 0179 0180
0181 0182 0183 0184 0185 0186 0187 0188 0189 0190
0191 0192 0193 0194 0195 0196 0197 0198 0199 0200 0201
0202 0203 0204 0205 0206 0207

3

0208 0209 0210 0211 0212 0213 0214

0215 0216 0217 0218 0219 0220

0221 0222 0223 0224 0225 0226 0227 0228

0229 0230 0231 0232 0233 0234 0235 0236 0237 0238

0240 0241 0242 0243 0244 0245 0246 0239 0247

0248 0249 0250 0251 0252 0253 0254 0255 0256

0257 0258 0259 0260 0261 0262

0263 0264 0265 0266 0267 0268 0269 0270

0271 0272 0273 0274 0275 0276 0277 0278

0282 0283 0284 0285 0286 0279 0280 0281 0287 0288 0289

4

0290

0291

0292

0293

0294

0295

0296

0297

0298

0299

0300

0301

0302

0303

0304

0305

0306

0307

0308

0309

0310

0311

0318

0312

0313

0314

0315

0316

0317

0319

0320

0321

0322

0323

0324

0325

0326

0327

0328

0329

0330

0331

0332

0333

0334

0335

0336

0337

0338

0339

0340

0341

0342

0343

0344

0345

0346

0347

0348

0349

0350

0351

0352

0353

0354

0355

0356

0357

0358

0359

0360

0361

0362

5

0363

0364

0365

0366

0367

0368

0369

0370

0371

0372

0373

0374

0375

0376

0377

0378

0379

0380

0381

0382

0383

0384

0385

0386

0387

0388

0389

0390

0391

0392

0393

0394

0395

0396

0397

0398

0399

0400

0401

0402

0403

0404

0405

0406

0407

0408

0409

0410

0411

0412

0413

0414

0415

0416

0417

0418

0419

0420
0421
0422
0423
0424
0425
0426
0427
0428
0429
0430
0431
0432
0433
0434
0435
0436
0437
0438
0439
0440
0441
0442
0443
0444
0445
0446
0447
0448
0449
0450
0451
0452
0453
0454
0455
0456
0457
0458
0459
0460
0461
0462
0463
0464
0465
0466
0467
0468
0469
0470
0471
0472
0473
0474
0475
0476
0477
0478
0479
0480
0481
0482
0483
0484
0485
0486
0487
0488
0489
0490
0491
0492
0493
0494
0495
0496

0497
0500
0501
0502
0498
0499
0503
0504
0505
0506
0507
0508
0509
0510
0511
0512
0513
0514
0515
0516
0517
0518
0519
0520
0521
0522
0523
0524
00525
0526
0527
0528
0529
0530
0531
0532
0533
0534
0535
0536
0537
0538
0539
0540
0541
0542
0543
0544
0545
0546
0547
0548
0549
0550

0551
0552
0553
0554
0555
0556
0557
0558
0559
0560
0561
0562
0563
0564
0565
0566
0567
0568
0569
0570
0571
0572
0573
0574
0575
0576
0577
0578
0579
0580
0581
0582
0583
0584
0585
0586
0587
0588
0589
0590
0591
0592
0593
0594
0595
0596
0597
0598
0599
0600
0601
0602
0603
0604

0605

0606

0607

0608

0609

0610

0611

0612

0613

0614

0615

0616

0617

0618

0619

0620

0621

0622

0623

0624

0625

0626

0627

0628

0629

0630

0631

0632

0633

0634

0635

0636

0637

0638

0639

0640

0641

0642

0643

0644

0645

0646

0647

0648

0649

0650

0651 0652 0653 0654 0655 0656 0657 0658 0659 0660
0661 0662 0663 0664 0665 0666 0667 0668 0669
0670 0671 0672 0673 0674 0675 0682
0676 0677 0678 0679 0680 0681
0683 0684 0685 0686 0687 0688 0689
0690 0691 0692 0693 0694
0695 0696 0697 0698 0699 0700 0701
0702 0703 0704 0705 0706 0707 0708 0709
0710 0711 0712 0713 0714 0715
0716 0717 0718 0719 0720 0721 0722 0723

0724

0725

0726

0727

0728

0729

0730

0731

0732

0733

0734

0735

0736

0737

0738

0739

0740

0741

0742

0743

0744

0745

0746

0747

0748

0749

0750

0751

0752

0753

0754

0755

0756

0757

0758

0759

0760

0761 GALUCHET

0762

0763

0764

0765

0766

0767

0768

0769

0770

0771

0772

0773

0774

0775

0776

0777

0778

0779

0780

0781

0782

0783

0784

0785

0786

0787

0788

0789

13

0790

0791

0792

0793

0794

0795

0796

0797

0798

0799

0800

0801

0802

0803

0804

0805

0806

0807

0808

0809

0810

0811

0812

0813

0814

0815

0816

0817

0818

0819

0820

0821

0822

0823

0824

0825

0826

0827

0828

0829

0830

0831

0832

0833

0834

0835

0836

0837

0838

0839

0840

0841

0842

0843

0844

0845

0846

0847

0848

0849

0850

0851

0852

0853

0854

0855

0856

0857

0858

0859

0860

0861

0862

0863

0864

15

0865

0866

0867

0868

0869

0870

0871

0872

0873

0874

0875

0876

0877

0878

0879

0880

0881

0882

0883

0884

0885

0886

0887

0888

0889

0890

0891

0892

0893

0894

0895

0896

0897

0898

0899

0900

0901

0902

0903

0904

0905

0906

0907

0908

0909

0910

0911

0912

17

0913

0914

0915

0916

0917

0918

0919

0920

0921

0922

0923

0924

0925

0926

0927

0928

0929

0930

0931

0932

0933

0934

0935

0936

0937

0938

0939

0940

0941

0942

0943

0944

0945

0946

0947

0948

0949

0950

0951

0952

0953

0954

0955

0956

0957

0958

0959

0960

0961

0962

0963

0964

0965

0966

0967

0968

0969

0970

0971

0972

0973

0974

0975

0976

0977

0978

0979

0980

0981

0982

0983

0984

0985

0986

0987

0988

0989

0990

0991

0992

0993

0994

0995

0996

0997

0998

0999

1000

1001

1002

1003

1004

1005

IN VINO VERITAS

1006

1007

1008

1009

1010

1011

1012

1013

1014

1015

1016

1017

1018

1019

1020

1021

1022

1023

1024

1025

1026

1027

1028

1029

1030

1031

1032

1033

1034

1035

1036

1037

1038

1039

1040

1041

1042

1043

1044

1045

1046

1047

1048

23

1049

1050

1051

1052

1053

1054

1055

1056

1057

1058

1059

1060

1061

1062

1063

1064

1065

1066

1067

1068

1069

1070

1071

1072

1073

1074

1075

1076

1077

1078

1079

1080

1081

1082

1083

1084

1085

1086

1087

1088

1089

1090

1091

1092

1093

1094

1095

1096

1097

1098

1099

1100

1101

1102

1103

1104

1105

1106

1107

1108

1109

1110

1111

1112

1113

1114

1115

0761

1116

1117

1118

1119

1120

1121

1122

1123

1124

1125

1126

1127

1128

1129

1130

1131

1132

1133

1134

1135

1136

1137

1138

1139

28

1140

1141

1142

1143

1144

1145

1146

1147

1148

1149

1150

1151

1152

1153

1154

1155

1156

1157

1158

1159

1160

1161

1162

1163

1164

1165

1166

1167

1168

1169

1170

1171

1172

1173

1174

1175

1176

1177

1178

1179

1180

1181 1182 1183 1184 1185 1186 1187 1188

1189 1190 1191 1192 1193 1194 1195 1196

1197 1198 1199 1200 1201 1202 1203 1204

1205 1206 1207 1208 1209 1210 1211 1212

1213 1214 1215 1216 1217 1218 1219 1220

1221 1222 1223 1224 1225 1226 1227 1228

1229 1230 1231 1232 1233 1234 1235 1236

1237 1238 1239 1240 1241 1242 1243 1244

1245 1246 1247 1248 1249 1250 1251 1252

1253 1254 1255 1256 1257 1258 1259 1260

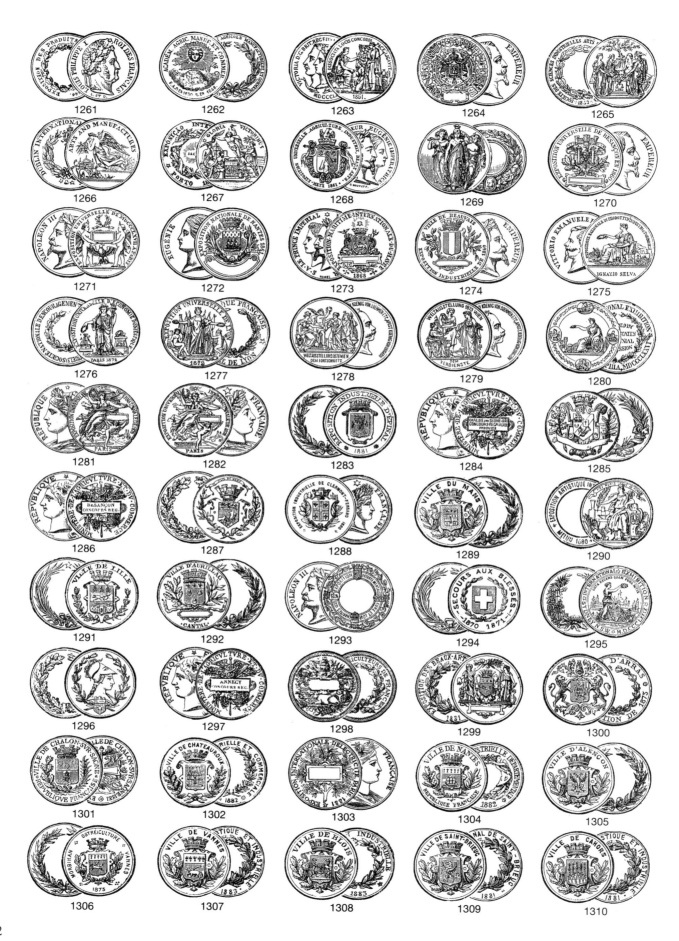

1261   1262   1263   1264   1265

1266   1267   1268   1269   1270

1271   1272   1273   1274   1275

1276   1277   1278   1279   1280

1281   1282   1283   1284   1285

1286   1287   1288   1289   1290

1291   1292   1293   1294   1295

1296   1297   1298   1299   1300

1301   1302   1303   1304   1305

1306   1307   1308   1309   1310

1311

1312

1313

1314

1315

1316

1317

1318

1319

1320

1321

1322

1323

1324

1325

1326

1327

1328

1329

1330

1331

1332

1333

1334

1335

1336

1337

1338

1339

1340

1341

1342

1343

1344

1345

1346

1347

1348

1349

1350

1351

1352

1353

1354

1355

1356

1357

1358

1359

1360

1361

1362

1363

1364

1365

1366

1367

1368

1369

1370

1371

1372

1373

1374

1375

1376

1377

1378

1379

1380

1381

1382

1383

1384

1385

1386

1387

1388

1389

1390

1391

1392

CLERGET   LACOSTE

1393

1394

1395

1396

1397

1398

1399

1400

1401

1402

1403

1404

1405

1406

1407

1408

1409

1410

1411

1412

1413

1414

1415

1416

1417

1418

1419

1420

1421

1422

1423

1424

1425

1426

1427

1428

1429

1430

1431

1432

1433

1434

1435

38

1436

1437

1438

1439

1440

1441

1442

1443

1444

1145

1446

1447

1448

1449

1450

1451

1452

1453

1454

1455

1456

1457

1458

1459

1460

1461

1462

1463

1464

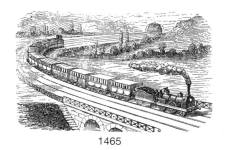

1465

1466

1467

1468

1469

1470

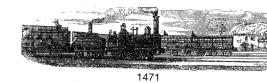

1471

1472

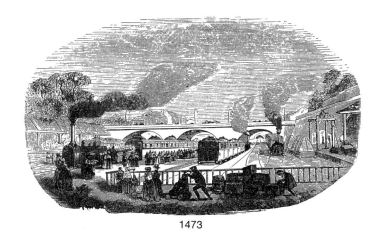

1473

1474

1475

1476

1477

1478

1479

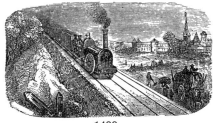

1480

1481

1483

1482

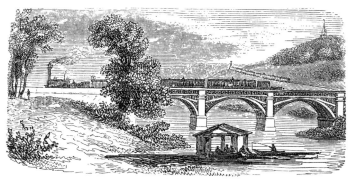

1484

1485

1486

1487

1488

1489

1490

1491

1492

1493

1494

1495

1496

1497

1498

1499

1500

1501

1502

1503

1504

1505

1506

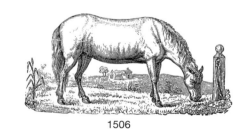

1507

1507

1508

1509

1510

1511

1512

1513

1514

1515

1516

1517

1518

1519

1520

1521

1522

1523

1524

1525

1526

1527

1528

1529

1530

1531

1532

1533

1534

1535

1536

1537

1538

1539

1540

1541

1500

1542

1543

1544

1545

1546

1547

1548

1549

47

1550

1551

1552

1553

1554

1555

1556

1557

1558

1559

1560

1561

1562

1563

1564

1565

48